Impressum
Verlag: BABADADA GmbH, Nedderfeld 112 , 22529 Hamburg
Geschäftsführer / Verlagsleitung: Harald Hof
Druck: Books on Demand GmbH, In de Tarpen 42, 22848 Norderstedt

Imprint
Publisher: BABADADA GmbH, Nedderfeld 112 , 22529 Hamburg, Germany
Managing Director / Publishing direction: Harald Hof
Print: Books on Demand GmbH, In de Tarpen 42, 22848 Norderstedt, Germany

# skole
# sekolah

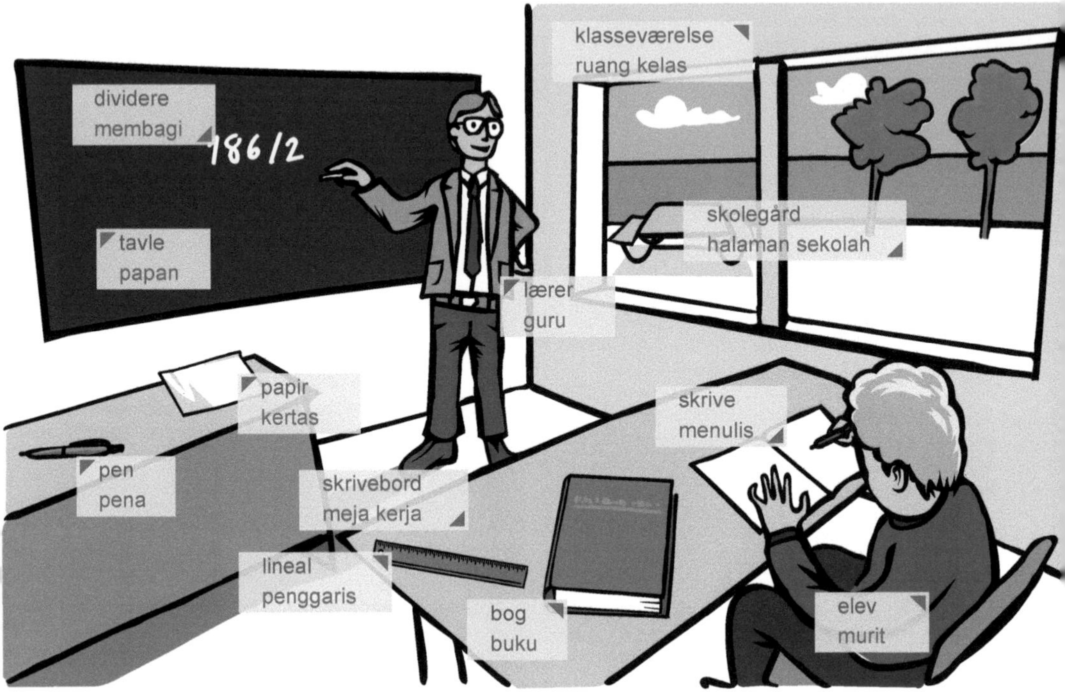
klasseværelse
ruang kelas
dividere
membagi
186/2
tavle
papan
skolegård
halaman sekolah
lærer
guru
papir
kertas
skrive
menulis
pen
pena
skrivebord
meja kerja
lineal
penggaris
bog
buku
elev
murit

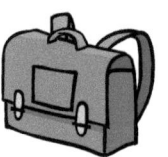

skoletaske
tas sekolah

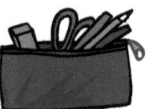

penalhus
tempat pensil

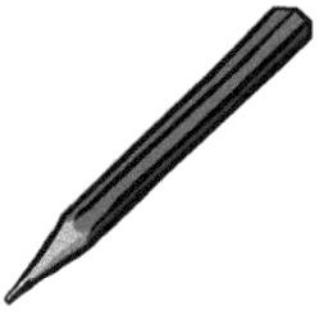

blyant
pensil

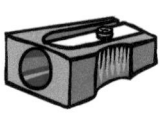

blyantspidser
pengasah pensil

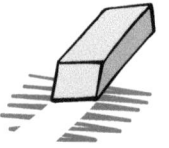

viskelæder
penghapus

tegneblok
kertas gambar

tegning

gambar

pensel

kuas

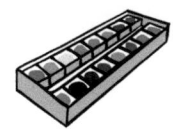

æske med vandfarver

kotak cat

saks

gunting

lim

lem

opgavehefte

buku latihan

lektie

pekerjaan rumah

tal

angka

addere

tambhakan

subtrahere

mengurangi

multiplicere

mengalikan

regne

menghitung

bogstav

huruf

alfabet

alfabet

ord

kata

tekst
teks

læse
membaca

kridt
kapur

time
pelajaran

klasseprotokol
daftar

eksamen
ujian

karakterbog
sertifikat

skoleuniform
seragam sekolah

uddannelse
pendidikan

leksikon
ensiklopedi

universitet
universitas

mikroskop
mikroskop

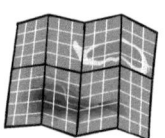

kort
peta

papirkurv
tempat sampah

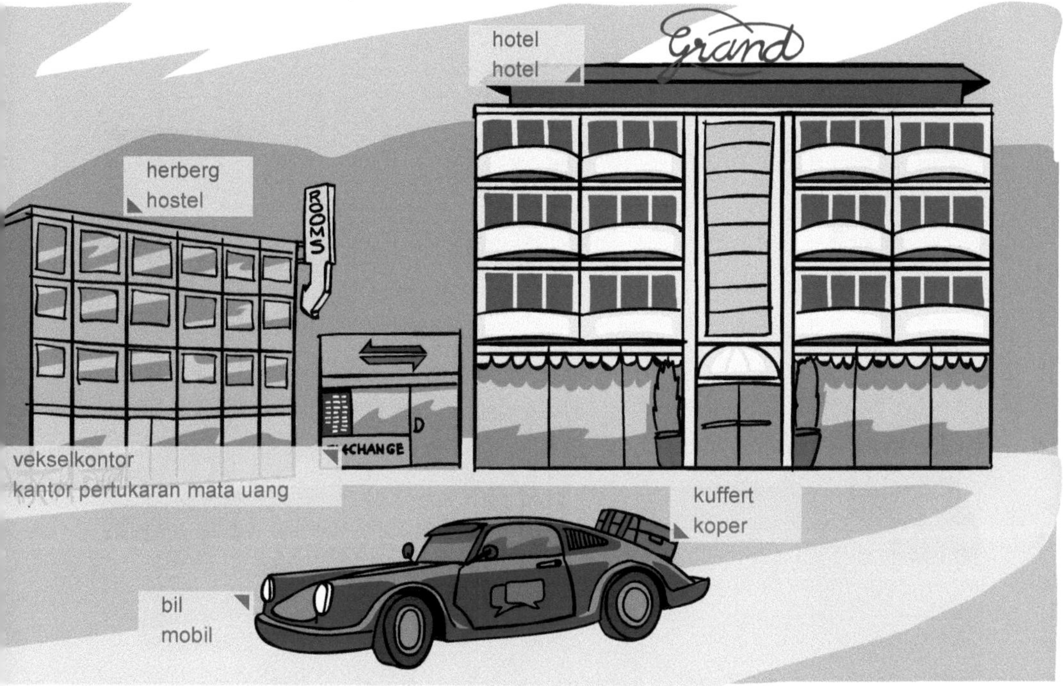
hotel
hotel
Grand
herberg
hostel
ROOMS
EXCHANGE
vekselkontor
kantor pertukaran mata uang
kuffert
koper
bil
mobil

sprog
bahasa

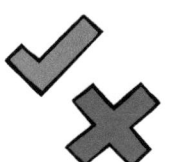

ja / nej
ya / tidak

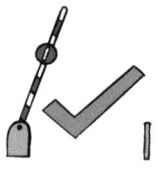

okay
okay

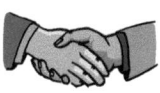

hej
hallo

oversætter
penerjemah

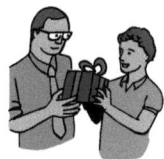

tak
terima kasih

hvad koster…?

Berapa harganya…?

Jeg forstår ikke

saya tidak mengerti

problem

masalah

God aften!

Selamat malam!

God morgen!

Selamat siang!

God nat!

Selamat tidur!

farvel

sampai jumpa

retning

arah

bagage

bagasi

taske

tas

rygsæk

ransel

gæst

tamu

værelse

ruang

sovepose

kantong tidur

telt

tenda

turistinformation

informasi wisata

strand

pantai

kreditkort

kartu kredit

morgenmad

sarapan

middagsmad

makan siang

aftensmad

makan malam

billet

tiket

elevator

elevator

frimærke

perangko

grænse

perbatasan

told

cukai

ambassade

kedutaan

visum

visa

pas

paspor

# transport

# transportasi

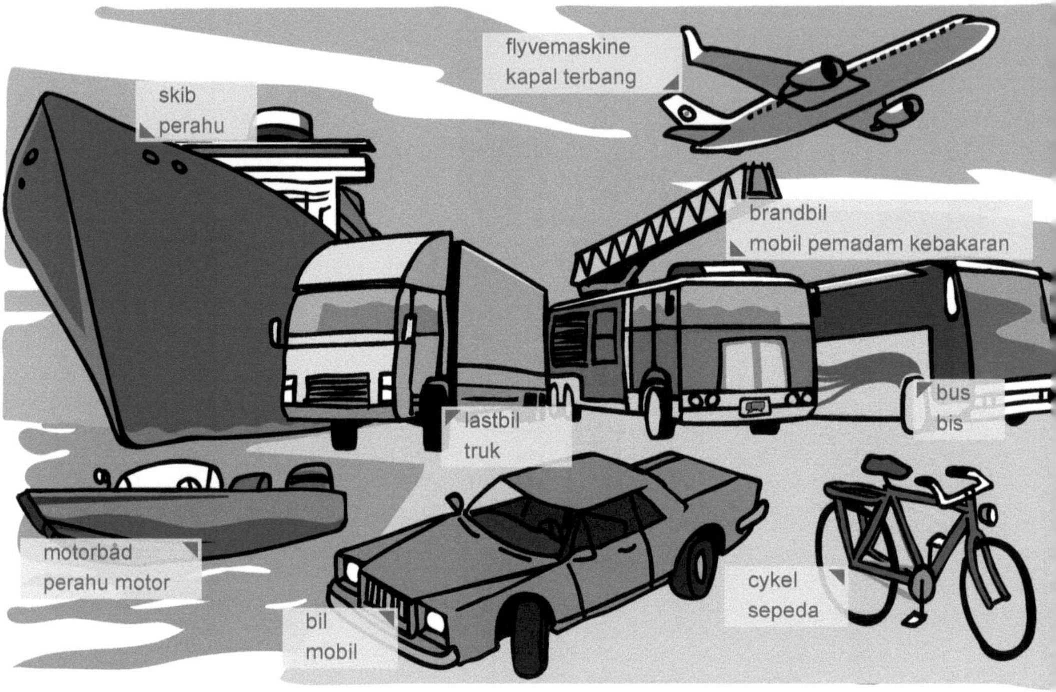

flyvemaskine
kapal terbang
skib
perahu
brandbil
mobil pemadam kebakaran
bus
bis
lastbil
truk
motorbåd
perahu motor
cykel
sepeda
bil
mobil


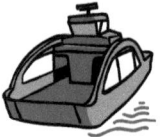

færge

feri

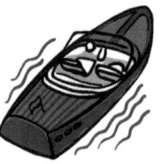

båd

perahu

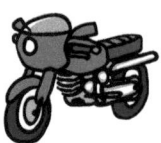

motorcykel

sepeda motor

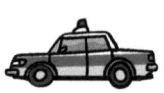

politibil

mobil polisi

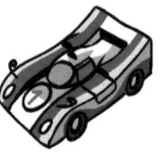

racerbil

mobil balapan

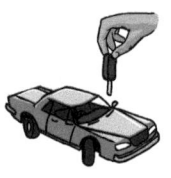

lejebil

mobil sewa

samkørsel

berbagi mobil

kranbil

truk derek

skraldebil

truk sampah

motor

motor

benzin

bahan bakar

tankstation

bensin

trafikskilt

tanda lalulintas

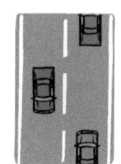

trafik

lalulintas

trafikprop

macet

parkeringsplads

parkir mobil

banegård

stasiun kereta

skinner

trek

tog

kereta api

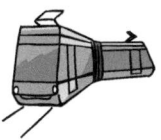

sporvogn

tram

wagon

gerobak

transport - transportasi

helikopter
helikopter

lufthavn
bendara

tårn
menara

passager
penumpang

container
container

karton
karton

kærre
troli

kurv
keranjang

starte / lande
berangkat / mendarat

## by
## kota

landsby
desa

bymidte
pusat kota

hus
rumah

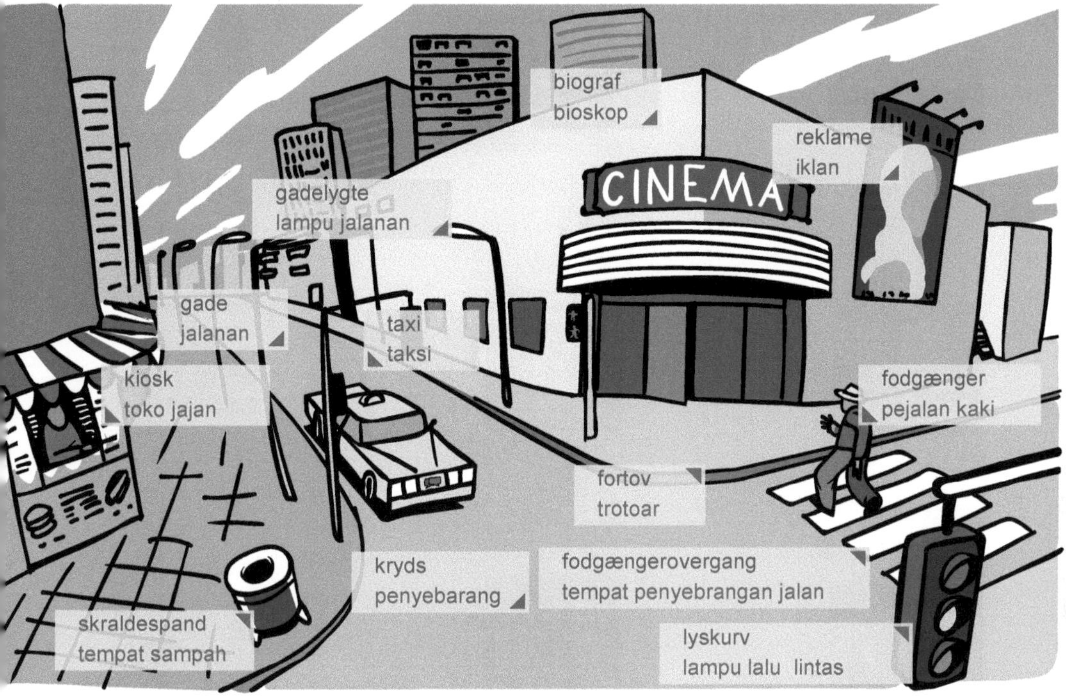
biograf
bioskop
reklame
iklan
CINEMA
gadelygte
lampu jalanan
gade
jalanan
taxi
taksi
kiosk
toko jajan
fodgænger
pejalan kaki
fortov
trotoar
kryds
penyebarang
fodgængerovergang
tempat penyebrangan jalan
skraldespand
tempat sampah
lyskurv
lampu lalu lintas

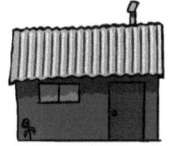

hytte

gubuk

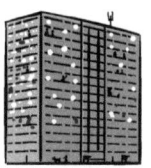

lejlighed

rumah flat

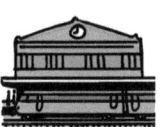

banegård

stasiun kereta

rådhus

balai kota

MUSEUM

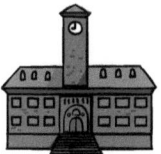

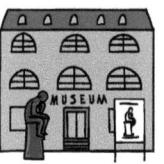

museum

museum

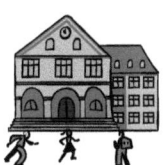

skole

sekolah

| | | |
|---|---|---|
|  |  |  |
| universitet | bank | sygehus |
| universitas | bank | rumah sakit |
|  |  |  |
| hotel | apotek | kontor |
| hotel | farmasi | kantor |
|  |  |  |
| boghandel | butik | blomsterbutik |
| toko buku | toko | toko bunga |
|  |  |  |
| supermarked | marked | stormagasin |
| supermarket | pasar | toko serba ada |
|  |  |  |
| fiskehandler | butikscenter | havn |
| nelayan | pusat belanja | pelabuhan |

park

taman

bænk

banku

bro

jembatan

trappe

tangga

undergrundsbane

kereta bawah tanah

tunnel

terowongan

busstoppested

pemberhantian bis

barnevogn

bar

restaurant

restauran

postkasse

kotak surat

vejskilt

tanda jalan

parkometer

meteran parkir

zoo

kebun binatang

badeanstalt

kolam renang

moske

mesjid

bondegård
pertanian

miljøforurening
polusi

kirkegård
kuburan

kirke
gereja

legeplads
tempat bermain

tempel
pura

# landskab
## pemandangan

blad
daun

vejviser
penunjuk arah

vej
jalanan

eng
padang rumput

sten
batu

træ
pohon

vandrer
pejalak kaki

flod
sungai

græs
rumput

blomst
bunga

dal

lembah

bjerg

bukit

sø

danau

skov

hutan

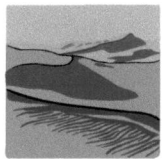

ørken

padang gurun

vulkan

gunung berapi

slot

istana

regnbue

pelangi

svamp

jamur

palme

pohon palem

moskito

nyamuk

flue

lalat

myre

semut

bi

lebah

edderkop

laba-laba

bille
kumbang

frø
kodok

egern
tupai

pindsvin
landak

hare
kelinci

ugle
burung hantu

fugl
burung

svane
angsa

vildsvin
babi jantan

hjort
rusa

elg
rusa

dæmning
bendungan

vindmølle
turbin angin

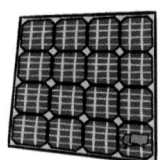

solcellemodul
panel surya

klima
iklim

# restaurant
# restauran

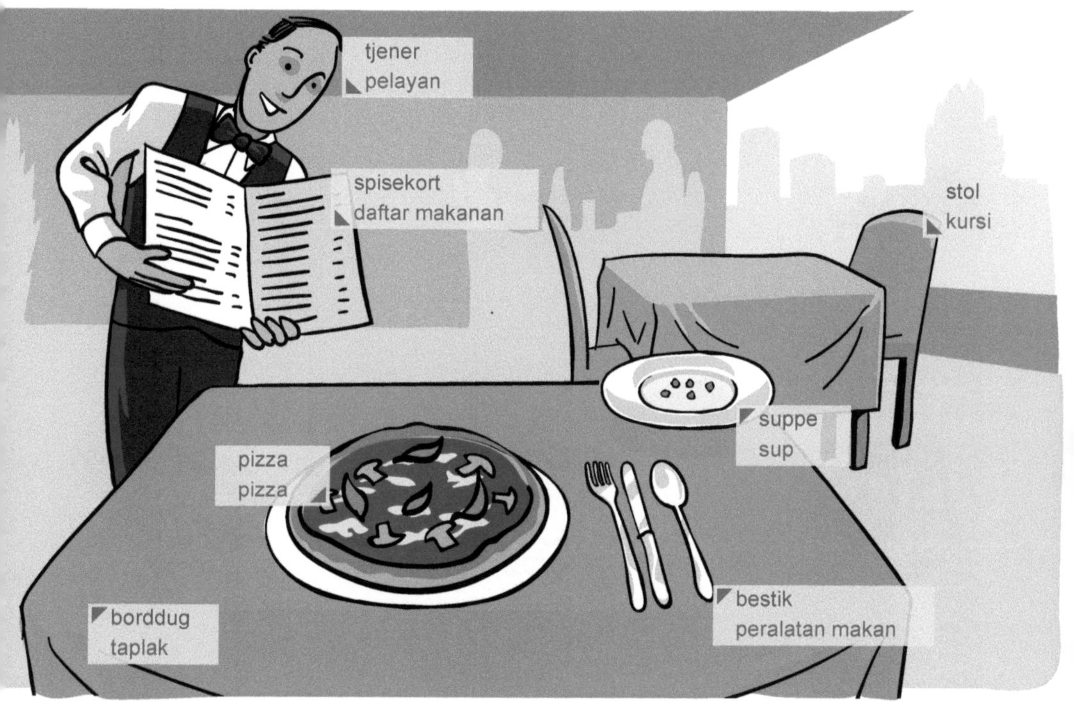
tjener
pelayan
spisekort
daftar makanan
stol
kursi
suppe
sup
pizza
pizza
bestik
peralatan makan
borddug
taplak

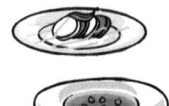

forret

hindangan pembuka

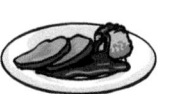

hovedret

hidangan utama

dessert

hidangan penutup

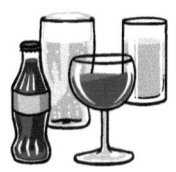

drikkevarer

minuman

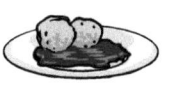

mad

makanan

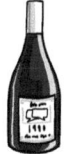

flaske

botol

fastfood
fastfood

streetfood
masakan jalanan

tekande
teko teh

sukkerdåse
kaleng gula

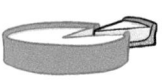

portion
porsi

espressomaskine
mesin espresso

barnestol
kursi tinggi

faktura
tagihan

tablet
baki

kniv
pisau

gaffel
garpu

ske
sendok

teske
sendok teh

serviet
serbet

glas
gelas

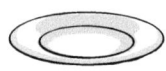

tallerken

piring

dyb tallerken

piring sup

underkop

lepek

sovs

saus

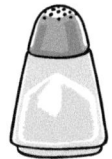

saltbøsse

tempat garam

peberkværn

gilingan merica

eddike

cuka

olie

minyak

krydderier

bumbu

ketchup

saus tomat

sennep

mustar

mayonnaise

mayones

# supermarked
## supermarket

tilbud
penawaran khusus
kunde
klien
mælkeprodukter
produk susu
frugt
buah
indkøbsvogn
troli
FOR


BUTCHERS


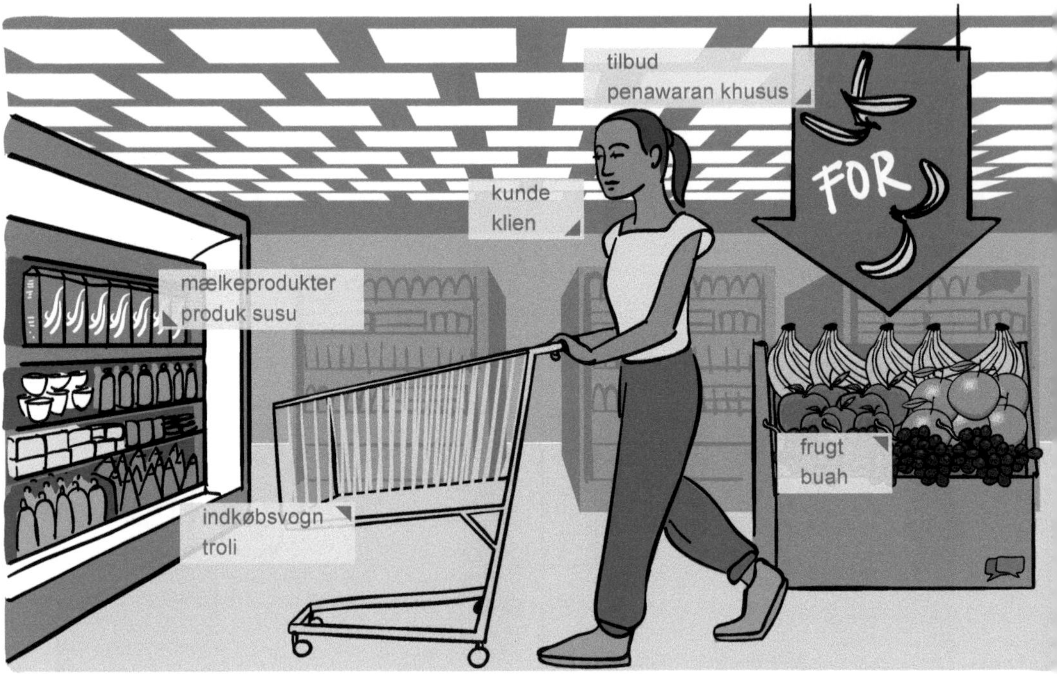

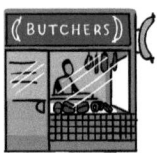

slagter

pembantai

BAKERY


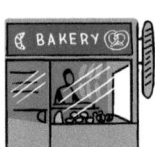

bageri

toko roti

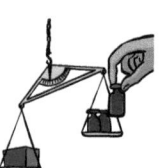

veje

menimbang

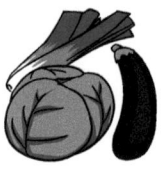

grøntsager

sayur

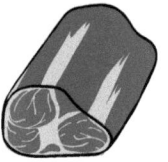

kød

daging

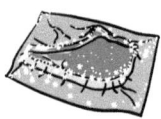

frostvarer

makanan beku

**pålæg**

pemotongan dingin

**konserves**

makanan kaleng

**vaskemiddel**

sabun serbuk

**slik**

permen

**husholdningsvarer**

alat-alat rumah tangga

**rengøringsmidler**

obat pembersihan

**ekspedient**

penjual

**kasse**

kasa

**kasserer**

kasir

**indkøbsliste**

daftar belanja

**åbningstider**

jam buka

**tegnebog**

dompet

**kreditkort**

kartu kredit

**taske**

tas

**plasticpose**

kantong plastik

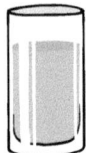

vand

air

saft

jus

mælk

susu

cola

cola

vin

anggur

øl

bir

alkohol

alkohol

kakao

coklat

te

teh

kaffe

kopi

espresso

espresso

cappuccino

cappucino

banan

pisang

æble

apel

appelsin

jeruk

melon

semangka

citron

jeruk lemon

gulerod

wortel

hvidløg

bawang putih

bambus

bambu

løg

bawang bombai

svamp

jamur

nødder

kacang

nudler

mi

spaghetti

spagetti

ris

nasi

salat

salat

pomfritter

kentang goreng

stegte kartofler

kentang goreng

pizza

pizza

hamburger

hamburger

sandwich

sandwich

schnitzel

sayatan

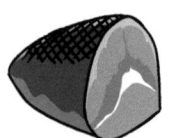

skinke

ham

salami

salami

pølse

sosis

kylling

ayam

steg

menggoreng

fisk

ikan

havregryn
bubur gandum

mysli
sereal

cornflakes
cornflakes

mel
tepung

croissant
croissant

rundstykke
roti

brød
roti

toast
toast

kiks
biskuit

smør
mentega

kvark
dadih

kage
kue

æg
telur

spejlæg
telur goreng

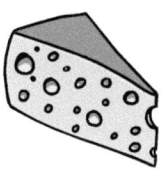

ost
keju

is

eskrim

sukker

gula

honning

madu

marmelade

selai

nougat-creme

krim nugat

karry

kare

# bondegård
# pertanian

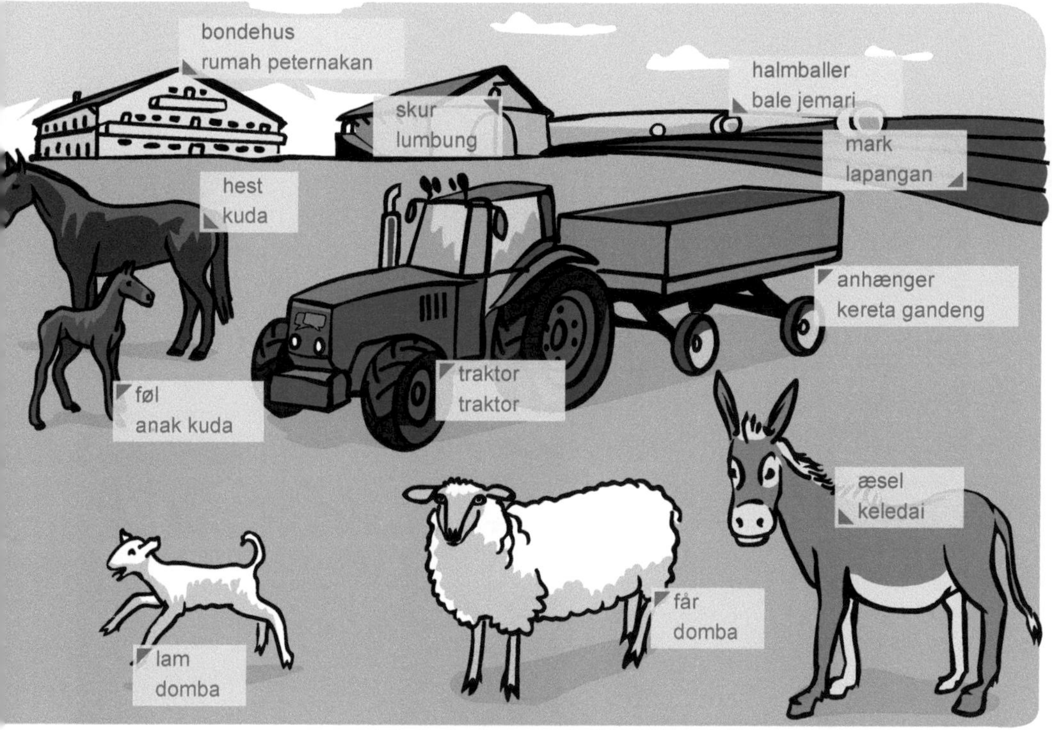
bondehus
rumah peternakan
skur
lumbung
halmballer
bale jemari
mark
lapangan
hest
kuda
anhænger
kereta gandeng
føl
anak kuda
traktor
traktor
æsel
keledai
får
domba
lam
domba

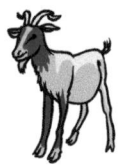

ged
kambing

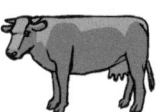

ko
sapi

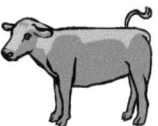

kalv
betis

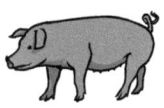

svin
babi

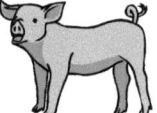

gris
celeng

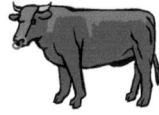

tyr
banteng

gås

angsa

and

bebek

kylling

anak ayam

høne

ayam

hane

ayam jantan

rotte

tikus

kat

kucing

mus

tikus

okse

lembu

hund

anjing

hundehus

rumah anjing

haveslange

selang

vandkande

penyiram

le

sabit

plov

bajak

segl
sabit

hakkejern
cangkul

møggreb
garpu rumput

økse
kapak

trillebør
gerobak

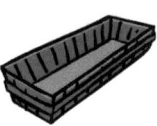

trug
palung

mælkekande
kaleng susu

sæk
karung

hæk
pagar

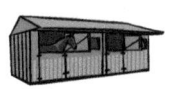

stald
kandang

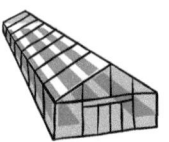

drivhus
rumah kaca

jord
tanah

frø
benih

gødning
pupuk

mejetærsker
mesin pemanen

høste
panen

høst
panen

yams
yams

hvede
gandum

soja
kedelai

kartoffel
kentang

majs
jagung

raps
lobak

frugttræ
pohon buah

maniok
singkong

korn
sereal

# hus
# rumah

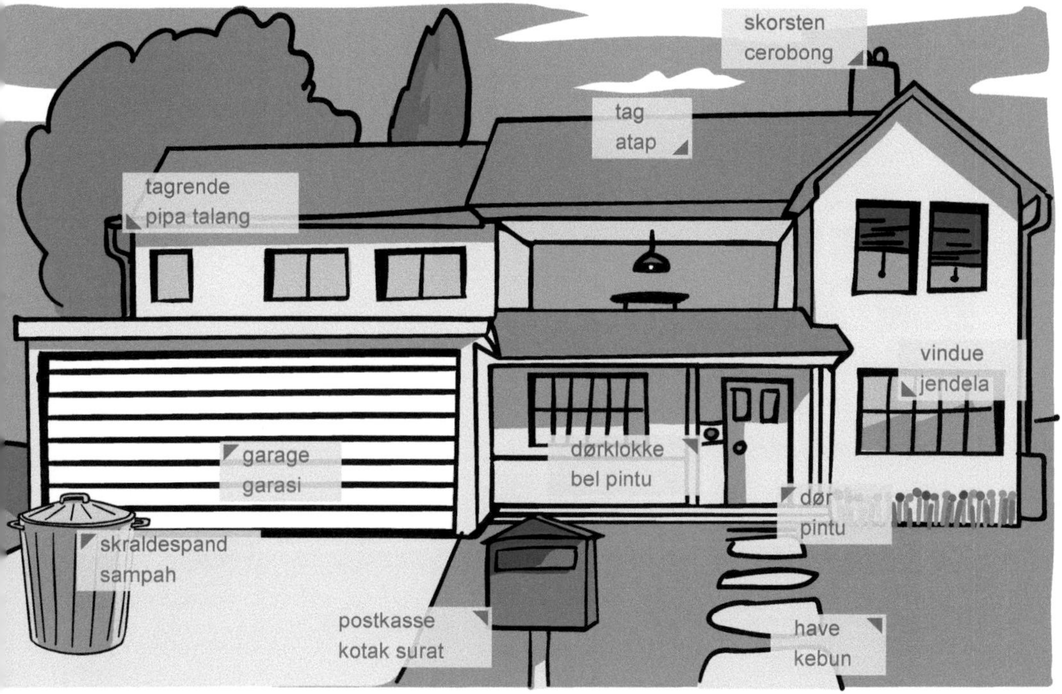

skorsten
cerobong
tag
atap
tagrende
pipa talang
vindue
jendela
garage
garasi
dørklokke
bel pintu
dør
pintu
skraldespand
sampah
postkasse
kotak surat
have
kebun


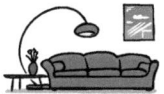

stue
ruang tamu

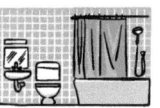

badeværelse
kamar mandi

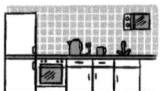

køkken
dapur

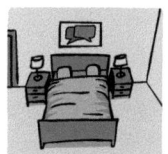

soveværelse
kamar tidur

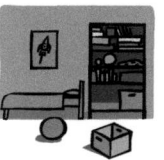

børneværelse
kamar anak

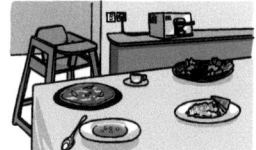

spisestue
kamar makan

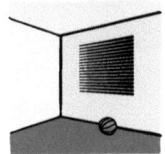

gulv

lantai

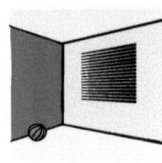

væg

tembok

loft

atap

kælder

gudang di bawah tanah

sauna

sauna

altan

balkon

terrasse

teras

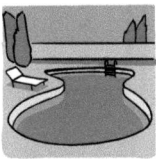

svømmehal

kolam renang

plæneklipper

mesin pemotong rumput

dynebetræk

sprei

dyne

selimut

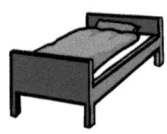

seng

tempat tidur

kost

sapu

spand

ember

kontakt

tombol

# stue

# ruang tamu

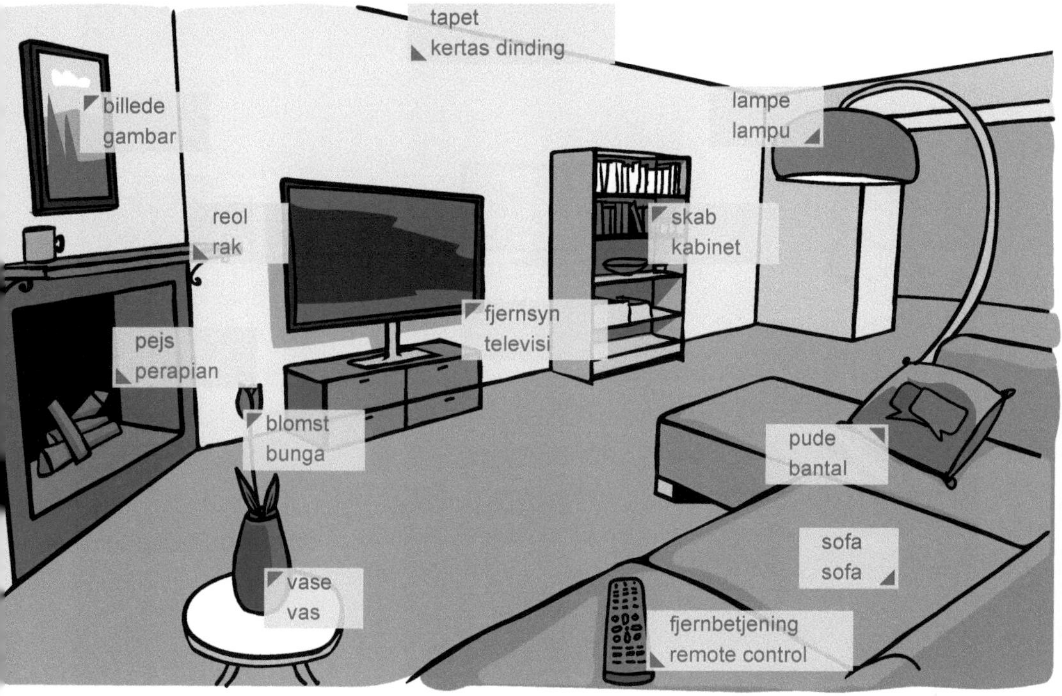

tapet
kertas dinding
billede
gambar
lampe
lampu
reol
rak
skab
kabinet
fjernsyn
televisi
pejs
perapian
blomst
bunga
pude
bantal
sofa
sofa
vase
vas
fjernbetjening
remote control


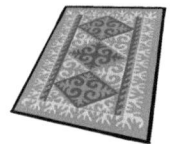

gulvtæppe

karpet

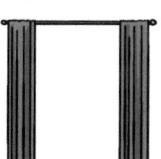

gardin

korden

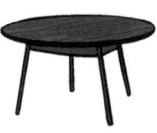

bord

meja

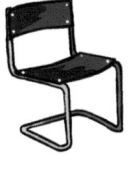

stol

kursi

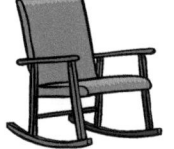

gyngestol

kursi goyang

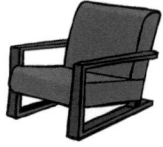

lænestol

kursi malas

bog
buku

tæppe
selimut

dekoration
dekorasi

brænde
kayu bakar

film
filem

stereoanlæg
hi-fi

nøgle
kunci

avis
koran

maleri
lukisan

plakat
poster

radio
radio

notesblok
buku tulis

støvsuger
penyedot debu

kaktus
kaktus

lys
lilin

# køkken
# dapur

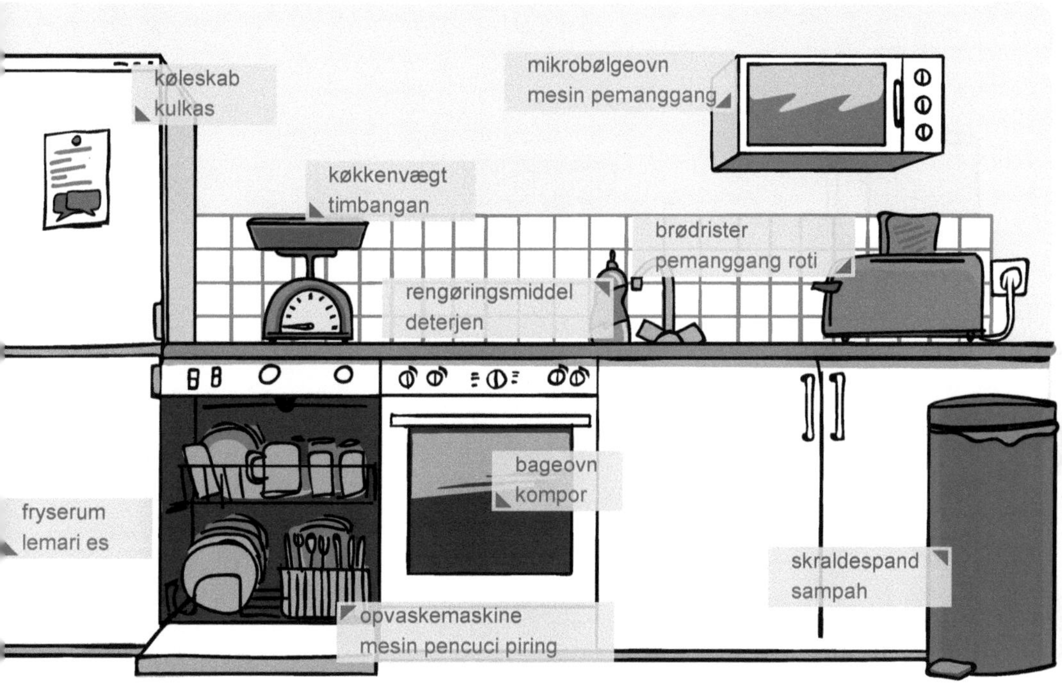
køleskab
kulkas
mikrobølgeovn
mesin pemanggang
køkkenvægt
timbangan
brødrister
pemanggang roti
rengøringsmiddel
deterjen
bageovn
kompor
fryserum
lemari es
skraldespand
sampah
opvaskemaskine
mesin pencuci piring

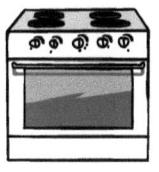

komfur
kompor

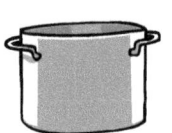

gryde
panci

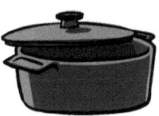

jerngryde
panci besi

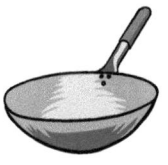

wok / kadai
wajan

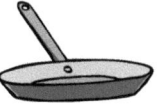

pande
panci

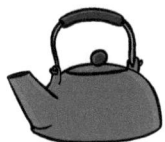

elkedel
pemanas air

dampkoger

panci pengukus makanan

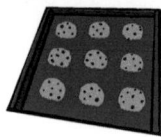

bageplade

nampan

service

piring

bæger

cangkir

skål

mangkok

spisepinde

sumpit

øseske

sendok sup

paletkniv

sudip

piskeris

mengocok

dørslag

saringan

si

saringan

rive

parutan

morter

mortir

grille

barbeque

ildsted

api terbuka

skærebræt

papan memotong

kagerulle

gilingan

proptrækker

alat pembuka botol

dåse

kaleng

dåseåbner

pembuka kaleng

grydelap

pegangan panci

køkkenvask

wastafel

børste

sikat

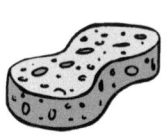

svamp

busa

blender

mesin pencampur

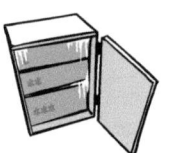

dybfryser

lemari es

sutteflaske

botol bayi

vandhane

keran

# badeværelse

# kamar mandi

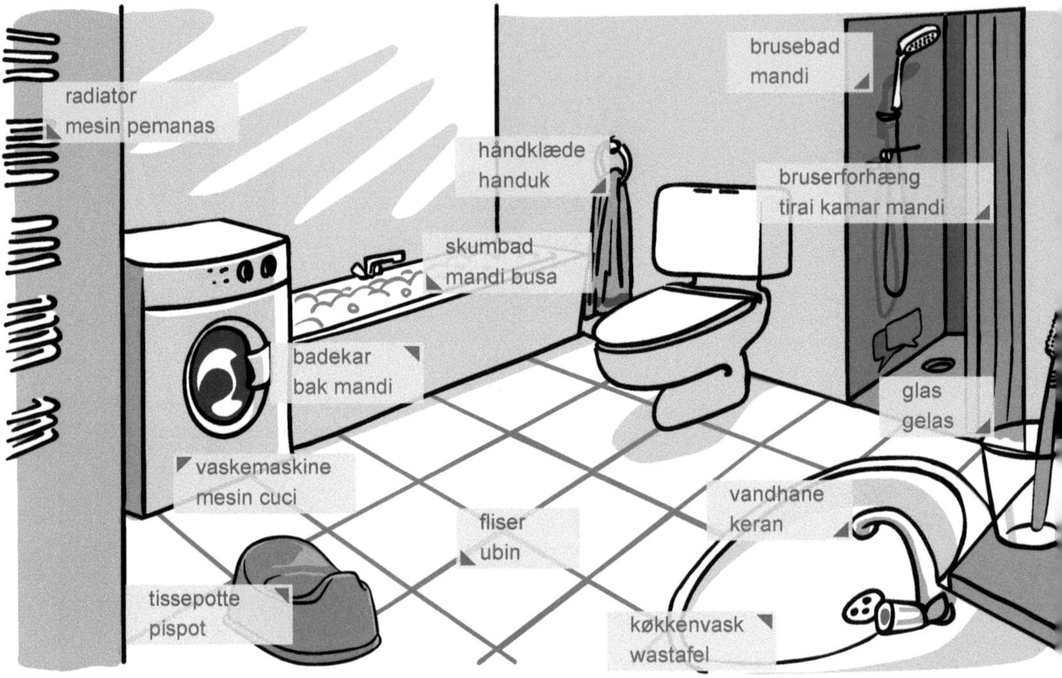

radiator
mesin pemanas
håndklæde
handuk
skumbad
mandi busa
brusebad
mandi
bruserforhæng
tirai kamar mandi
badekar
bak mandi
vaskemaskine
mesin cuci
glas
gelas
vandhane
keran
fliser
ubin
tissepotte
pispot
køkkenvask
wastafel


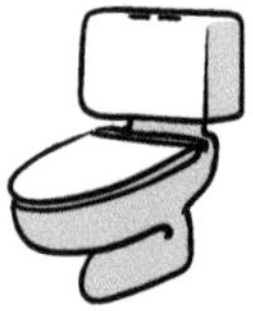

toilet

toilet

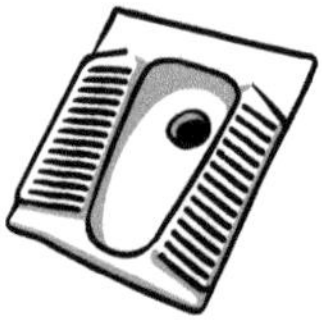

hugsiddende toilet

toilet jongkok

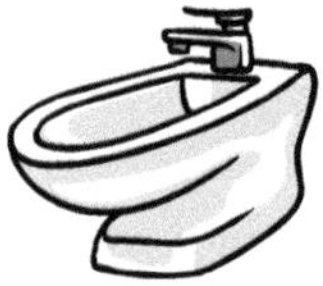

bidet

bidet

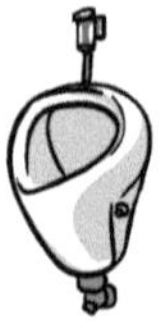

pissoir

pissoir

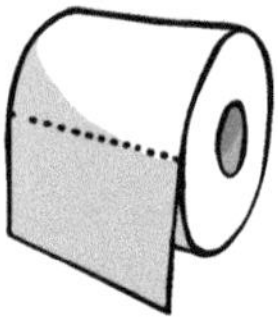

toiletpapir

kertas toilet

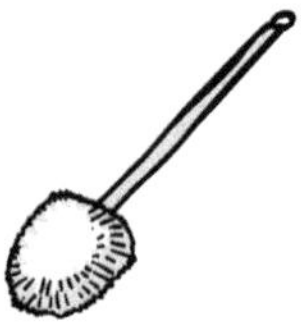

toiletbørste

sikat toilet

tandbørste
sikat gigi

tandpasta
pasta gigi

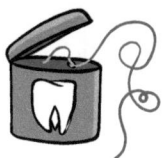

tandtråd
benang gigi

vaske
menyuci

håndbruser
pancuran tangan

intimbruser
pancuran

vaskefad
bak

badebørste
sikat punggung

sæbe
sabun

brusegele
gel mandi

shampoo
sampo

vaskeklud
planel

afløb
kuras

creme
krim

deodorant
deodoran

spejl
kaca

kosmetikspejl
cermin tangan

barberhøvl
pisau cukur

barberskum
busa cukur

barbervand
aftershave

kam
sisir

børste
sikat

hårtørrer
alat pengering rambut

hårspray
semprot rambut

makeup
makeup

læbestift
lipstik

neglelak
cat kuku

vat
kapas

neglesaks
gunting kuku

parfume
minyak wangi

toilettaske

kantong pencuci

skammel

bangku

vægt

timbangan

badekåbe

mantel mandi

gummihandsker

sarung tangan karet

tampon

tampon

damebind

handuk pembalut

kemisk toilet

toilet kimia

# børneværelse
## kamar anak

vækkeur
jam alarm
bamse
boneka tidur
legetøjsbil
mobil-mobilan
skralde
kelintung
dukkehus
rumah boneka
gave
kado

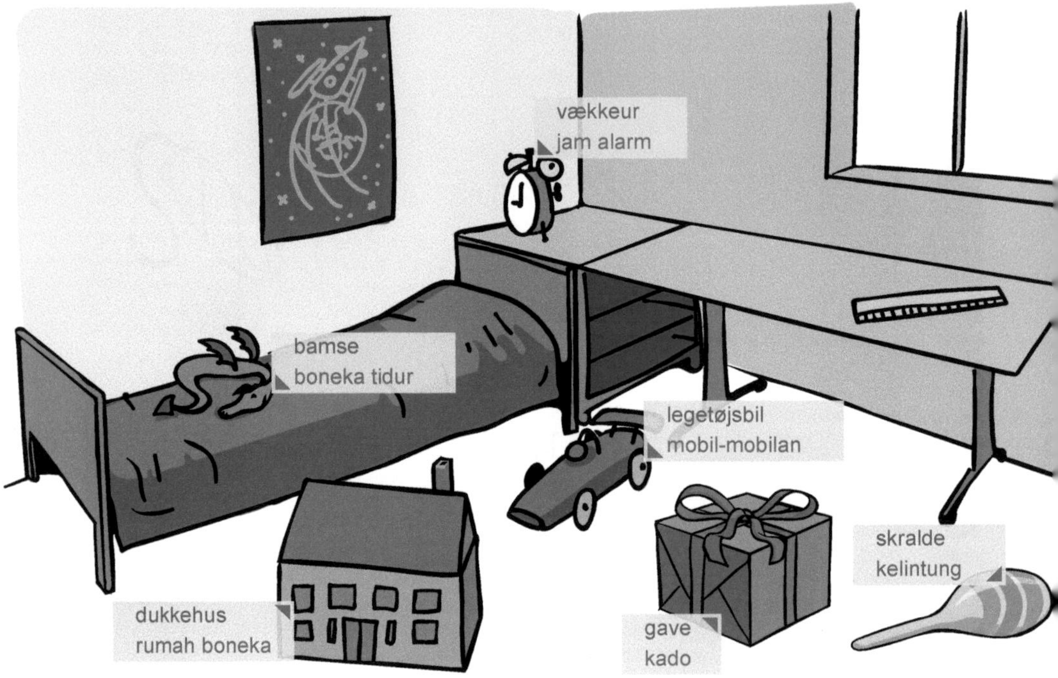

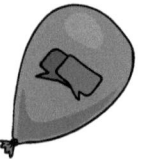

ballon

balon

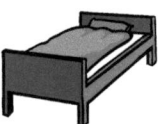

seng

tempat tidur

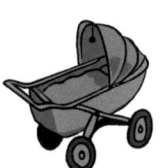

barnevogn

kereta bayi

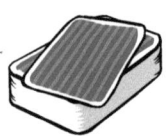

kortspil

mainan kartu

puslespil

teka-teki

SUPER
MEGA

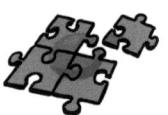

tegneserie

komik

legoklodser

mainan lego

byggeklodser

blok mainan

action figur

figur aksi

sparkedragt

baju monyet

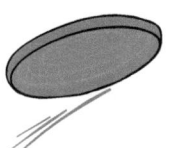

frisbee

frisbee

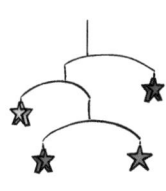

uro

mobile

brætspil

permainan papan

terning

dadu

modeljernbane

set model kreta api

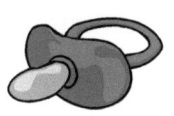

sut

dot

fest

pesta

billedbog

buku gambar

bold

bola

dukke

boneka

lege

bermain

sandkasse

tempat main pasir

gynge

ayunan

legetøj

mainan

spillekonsol

video game konsol

trehjulet cykel

sepeda roda tiga

bamse

teddy

klædeskab

lemari pakaian

# tøj

## pakaian

sokker

kaos kaki

strømper

kaos kaki

strømpebukser

baju ketat

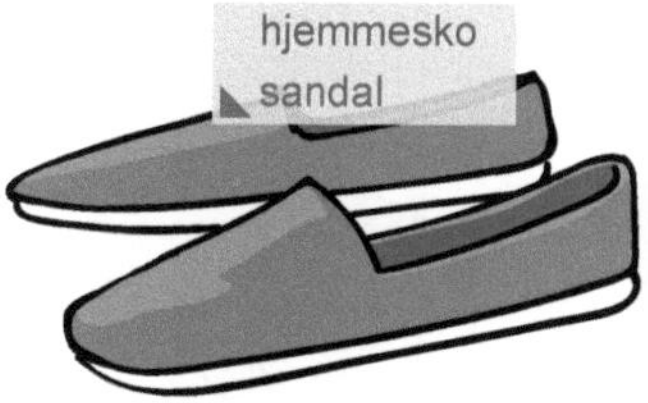

sjal
syal

paraply
payung

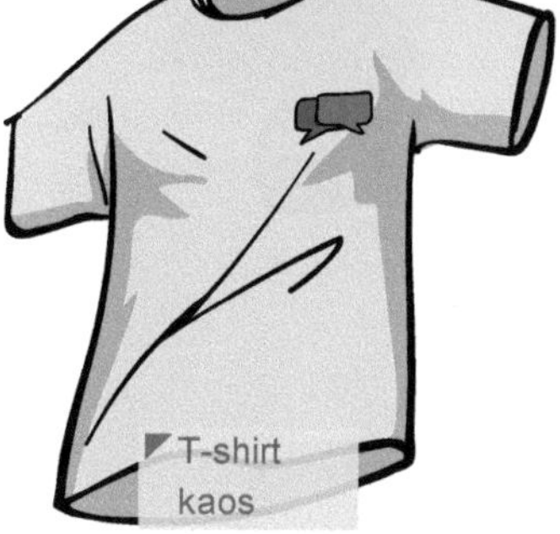

T-shirt
kaos

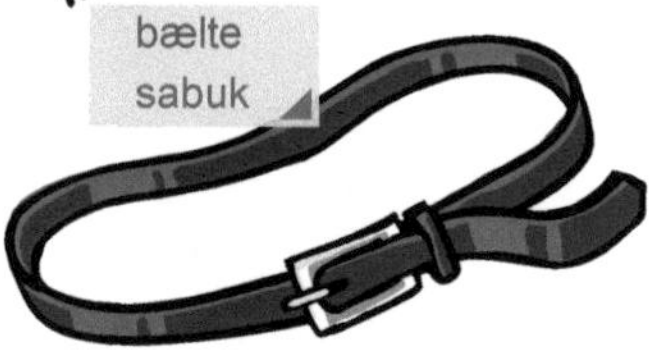

bælte
sabuk

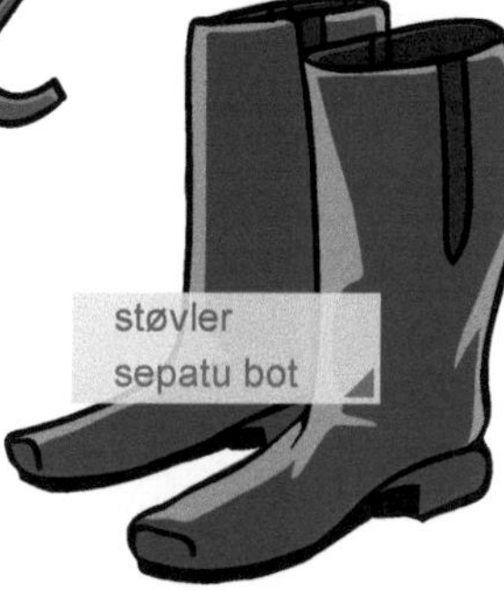

støvler
sepatu bot

hjemmesko
sandal

sneakers
sepatu

sandaler
..................
sandal

sko
..................
sepatu

gummistøvler
..................
sepatu bot karet

underbukser
..................
celana dalam

BH
..................
BH

undertrøje
..................
baju rompi

body
body

bukser
celana

jeans
jeans

nederdel
rok

bluse
blus

skjorte
kemeja

pullover
aket berkerudung

sweatshirt
sweater

blazer
jaket

jakke
jaket

frakke
mantel

regnfrakke
jas hujan

kostume
kostum

kjole
gaun

brudekjole
gaun pengantin

jakkesæt

setelan resmi

nattrøje

gaun tidur

pyjamas

piyama

sari

sari

hovedtørklæde

jilbab

turban

turban

burka

burka

kaftan

kaftan

abaya

abaya

badedragt

pakaian renang

badebukser

celana renang

korte bukser

celana pendek

træningsdragt

olah raga

forklæde

celemek

handsker

sarung tangan

knap

kancing

briller

kacamata

armbånd

gelang

kæde

kalung

ring

cincin

ørering

anting

hue

topi

bøjle

gantungan mantel

hat

topi

slips

dasi

lynlås

ritsleting

hjelm

helm

seler

tali selempang

skoleuniform

seragam sekolah

uniform

seragam

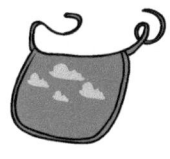

hagesmæk

oto

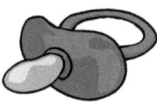

sut

dot

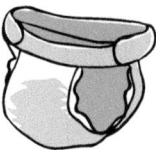

ble

popok

# kontor
# kantor

server
server
arkivskab
lemari arsip
printer
pencetak
papir
kertas
skærm
layar
skrivebord
meja kerja
mus
mouse komputer
mappe
tempat pengarsipan
tastatur
papan tombol
papirkurv
tempat sampah
computer
computer
stol
kursi

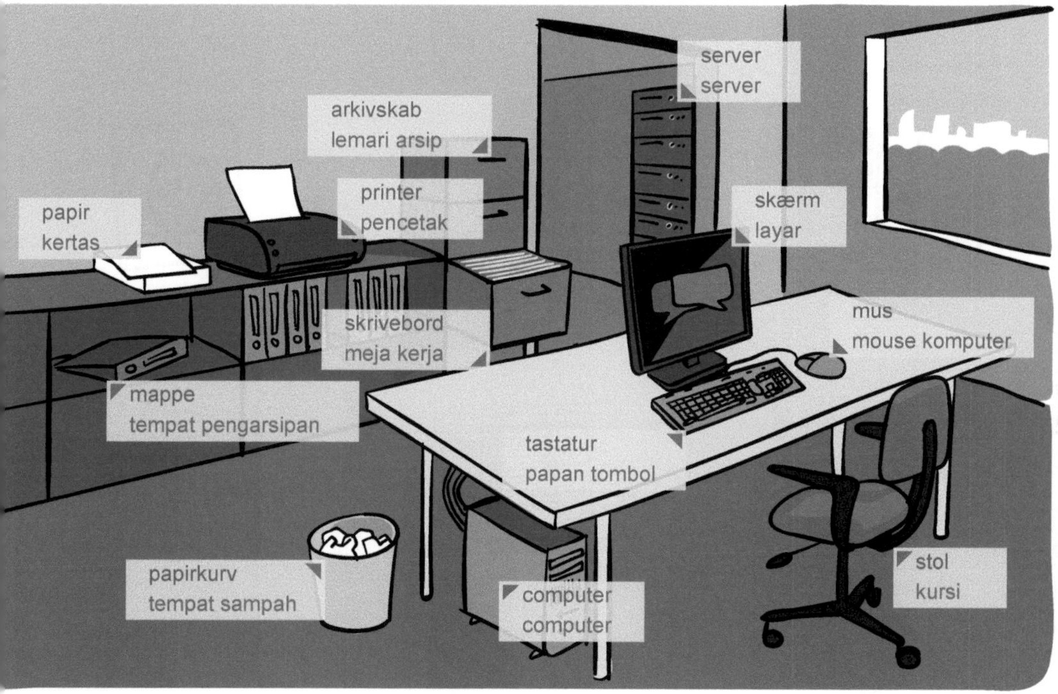

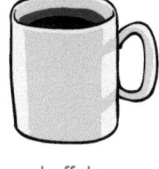

kaffekrus

cangkir kopi

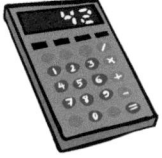

lommeregner

kalkulator

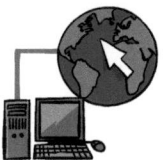

internet

internet

bærbar

laptop

brev

surat

besked

pesan

mobil

telepon seluler

netværk

jaringan

kopimaskine

fotokopi

software

software

telefon

telepon

stikdåse

plug soket

fax

mesin fax

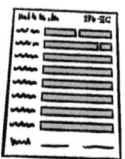

formular

formulir

dokument

dokumen

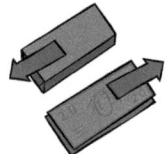

købe

membeli

betale

membayar

handle

berdagang

penge

uang

dollar

Dollar

euro

Euro

yen

Yen

rubel

Rubel

schweizerfranc

Franc Swiss

renminbi yuan

Renminbi Yuan

rupee

Rupiah

hæveautomat

ATM

vekselkontor

kantor pertukaran mata uang

guld

emas

sølv

perak

olie

minyak

energi

energi

pris

harga

kontrakt

kontrak

skat

pajak

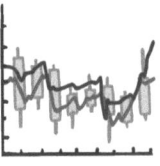

aktie

saham

arbejde

bekerja

ansat

karyawan

arbejdsgiver

majikan

fabrik

pabrik

butik

toko

politimand
petugas polisi

brandmand
pemadam kebakaran

kok
pemasak

læge
dokter

pilot
pilot

gartner

tukan kebun

tømrer

tukang kayu

syerske

penjahit wanita

dommer

hakim

kemiker

ahli kimia

skuespiller

aktor

buschauffør

sopir bis

taxachauffør

sopir taksi

fisker

nelayan

rengøringskone

pembantu

tagdækker

tukang atap

tjener

pelayan

jæger

pemburu

maler

pelukis

bager

tukang roti

elektriker

tukang listrik

bygningsarbejder

pembangun

ingeniør

insinyur

slagter

tukang daging

vvs-mand

tukang ledeng

postbud

tukang pos

soldat

tentara

arkitekt

arsitek

kasserer

kasir

blomsterhandler

penjual bunga

frisør

penata rambut

togfører

konduktor

mekaniker

montir

kaptajn

kapten

tandlæge

dokter gigi

videnskabsmand

ilmuwan

rabbiner

rabbi

imam

imam

munk

biarawan

præst

pendeta

# værktøj

## alat

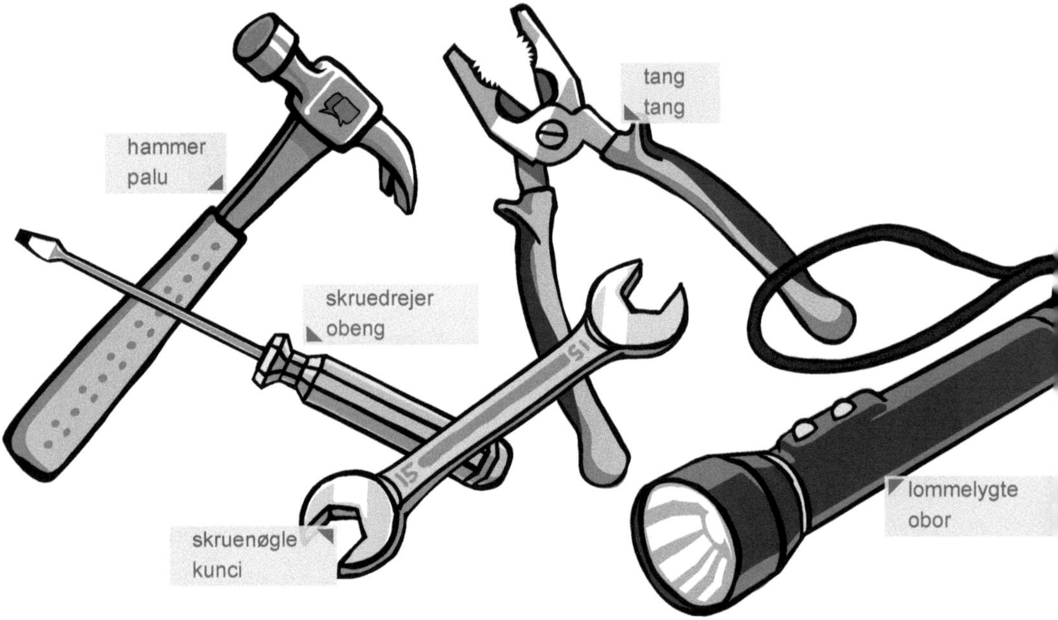

hammer
palu
tang
tang
skruedrejer
obeng
lommelygte
obor
skruenøgle
kunci


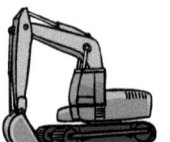

gravemaskine

penggali

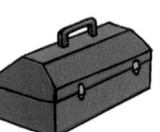

værktøjskasse

tas perkakas

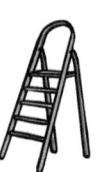

stige

tangga

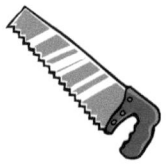

sav

gergaji

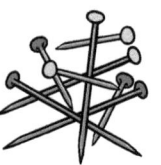

søm

paku

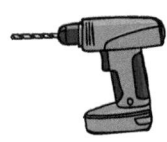

bor

bor

reparere
perbaikan

skovl
sekop

Lort!
Sialan!

fejebakke
cikrak

malerspand
pot cat

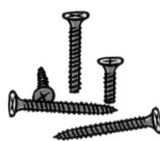

skruer
sekrup

## musikinstrumenter
## alat musik

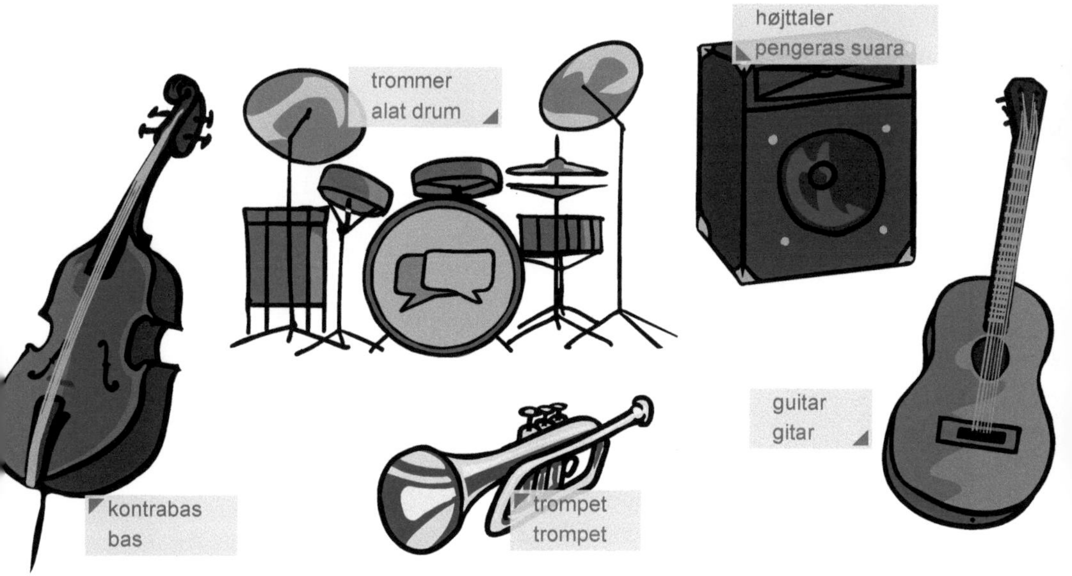

trommer
alat drum

højttaler
pengeras suara

kontrabas
bas

trompet
trompet

guitar
gitar

klaver

piano

violin

violin

bas

bass

pauke

tambur

tromme

drum

keyboard

keyboard

saxofon

saksofon

fløjte

suling

mikrofon

mikrofon

# zoo

## kebun binatang

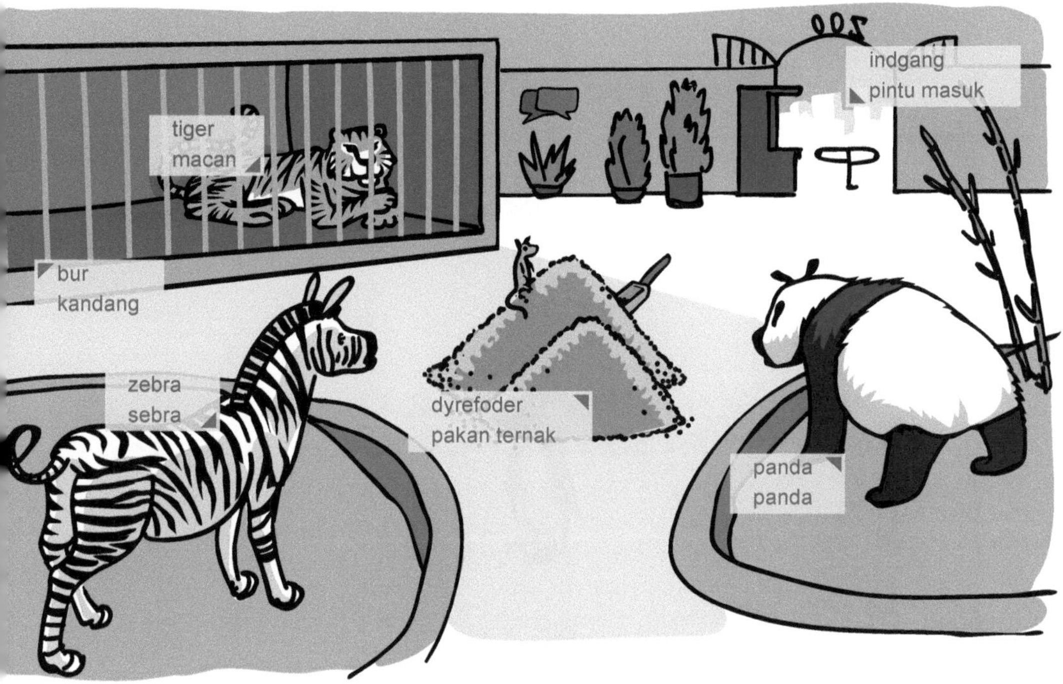

indgang
pintu masuk
tiger
macan
bur
kandang
zebra
sebra
dyrefoder
pakan ternak
panda
panda


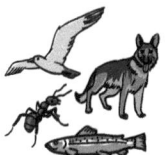

dyr

hewan

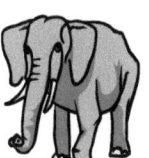

elefant

gajah

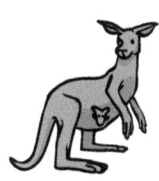

kænguru

kanguru

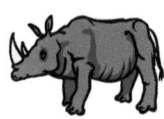

næsehorn

badak

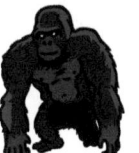

gorilla

gorila

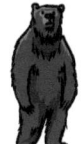

bjørn

beruang

kamel
unta

struds
burung unta

løve
singa

abe
monyet

flamingo
flamingo

papegøje
burung beo

isbjørn
beruang polar

pingvin
penguin

haj
hiu

påfugl
merak

slange
ular

krokodille
buaya

dyrepasser
penjaga kebun binatang

sæl
segel

jaguar
jaguar

pony

kuda poni

leopard

macan tutul

flodhest

kuda nil

giraf

jerapah

ørn

burung elang

vildsvin

babi jantan

fisk

ikan

skildpadde

kura-kura

hvalros

anjing laut

ræv

rubah

gazelle

kijang

zoo - kebun binatang

amerikansk football
american football

cykling
naik sepeda

tennis
tennis

basketball
basketbal

svømning
bernang

ishockey
hoki es

boksning
tinju

fodbold
sepak bola

badminton
badminton

atletik
atletik

håndbold
bola tangan

skiløb
main ski

polo
polo

# aktiviteter
# aktivitas

springe
meloncat
give et knus
memeluk
grine
ketawa
gå
berjalan
synge
menyanyi
drømme
mengimpi
bede
berdoa
kysse
mencium

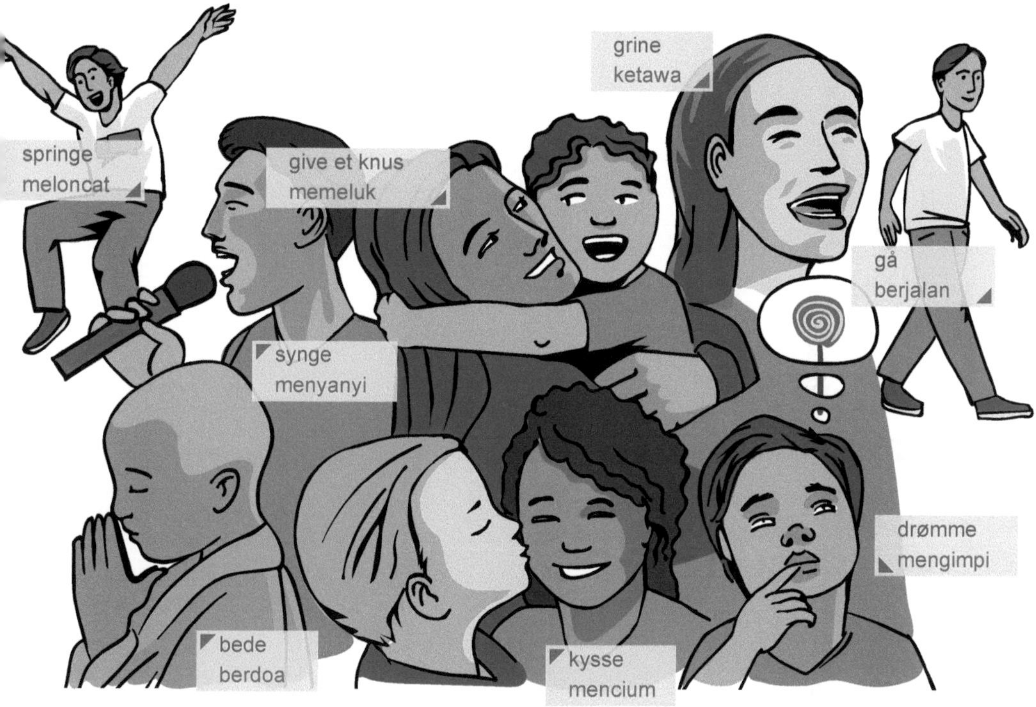

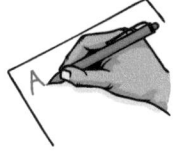

skrive
menulis

tegne
melukis

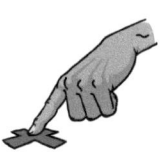

vise
menunjuk

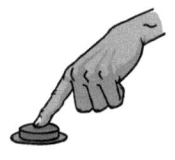

skubbe
mendorong

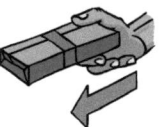

give
memberikan

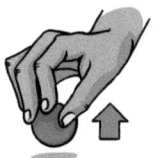

tage
mengambil

have
mempunyai

gøre
melakukan

være
adalah

stå
berdiri

løbe
berlari

trække
menarik

kaste
melempar

falde
jatuh

ligge
tidur

vente
menunggu

bære
membawa

sidde
duduk

tage på
berpakaian

sove
tidur

vågne
bangun

se på
melihat

græde
menangis

ae
mengelus

kæmme
menyisir

tale
berbicara

forstå
mengerti

spørge
menanyak

høre
mendengar

drikke
minum

spise
makan

rydde op
merapikan

elske
cinta

koge
memasak

køre
menyetir

flyve
terbang

sejle
berlayar

regne
menghitung

læse
membaca

lære
belajar

arbejde
bekerja

gifte sig med
menikah

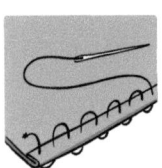

sy
menjahit

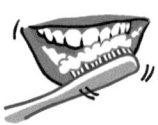

børste tænder
sikat gigi

dræbe
membunuh

ryge
merokok

sende
kirim

bedstemor
nenek

bedstefar
kakek

far
bapak

mor
ibu

baby
bayi

datter
putri

søn
putra

gæst
tamu

tante
bibi

onkel
paman

bror
kakak laki

søster
kakak perempuan

# krop
## badan

pande
dahi
øje
mata
skulder
bahu
finger
jari
ansigt
muka
hage
dagu
hånd
tangan
ben
kaki
bryst
payudara
arm
lengan

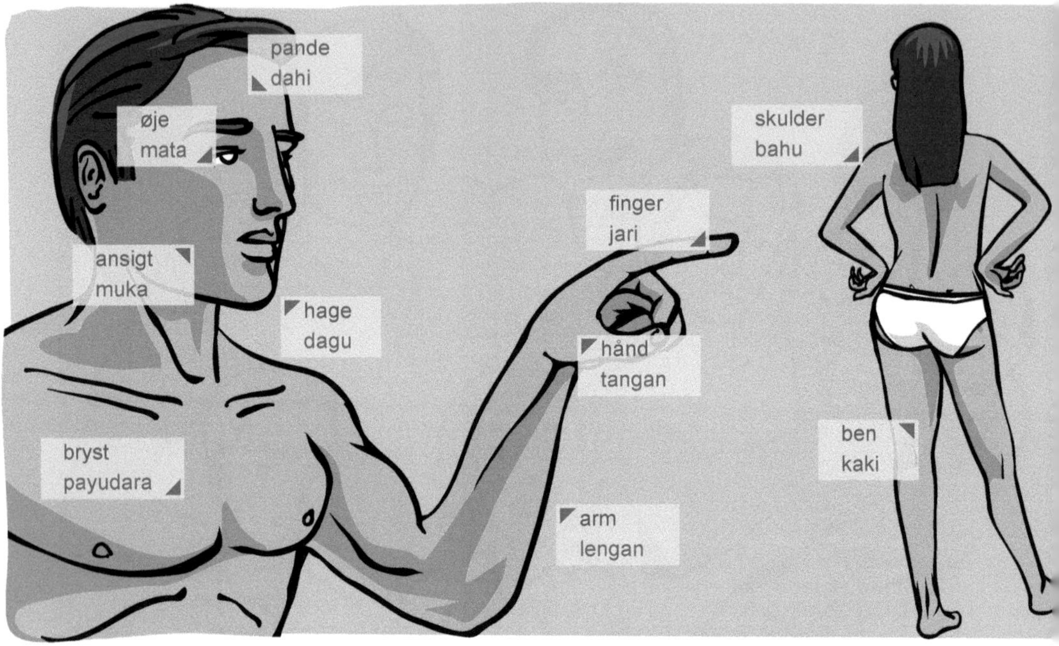

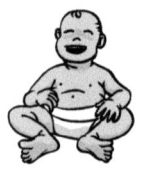

baby
bayi

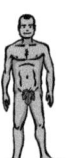

mand
pria

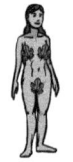

kvinde
wanita

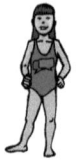

pige
perempuan

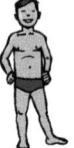

dreng
laki

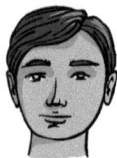

hoved
kepala

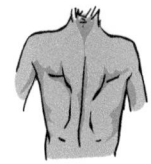

ryg
punggung

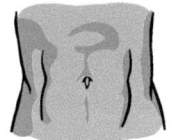

mave
perut

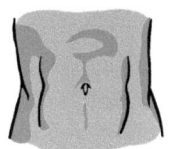

navle
pusar

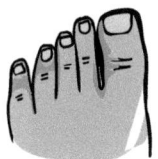

tå
toe

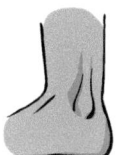

hæl
tumit

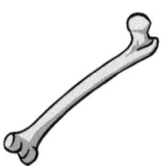

knogle
tulang

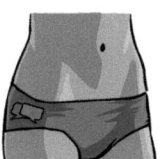

hofte
pinggang

knæ
lutut

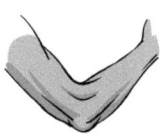

albue
siku

næse
hidung

bagdel
pantat

hud
kulit

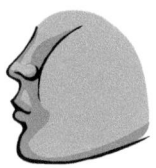

kind
pipi

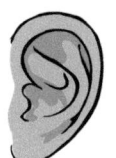

øre
telinga

læbe
bibir

mund

mulut

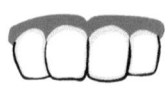

tand

gigi

tunge

lidah

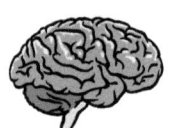

hjerne

otak

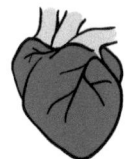

hjerte

jantung

muskel

otot

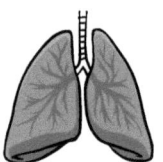

lunge

paru-paru

lever

hati

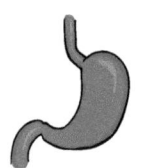

mavesæk

stomach

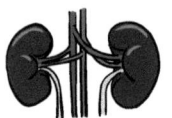

nyrer

ginjal

sex

hubungan seks

kondom

kondom

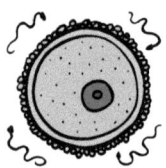

ægcelle

sel telur

sperm

sperma

svangerskab

kehamilan

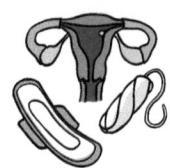

menstruation
menstruasi

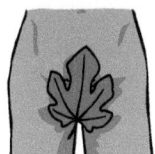

vagina
vagina

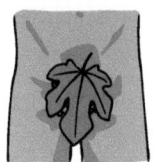

penis
penis

øjenbryn
alis

hår
rambut

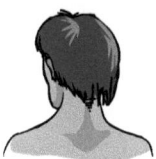

hals
leher

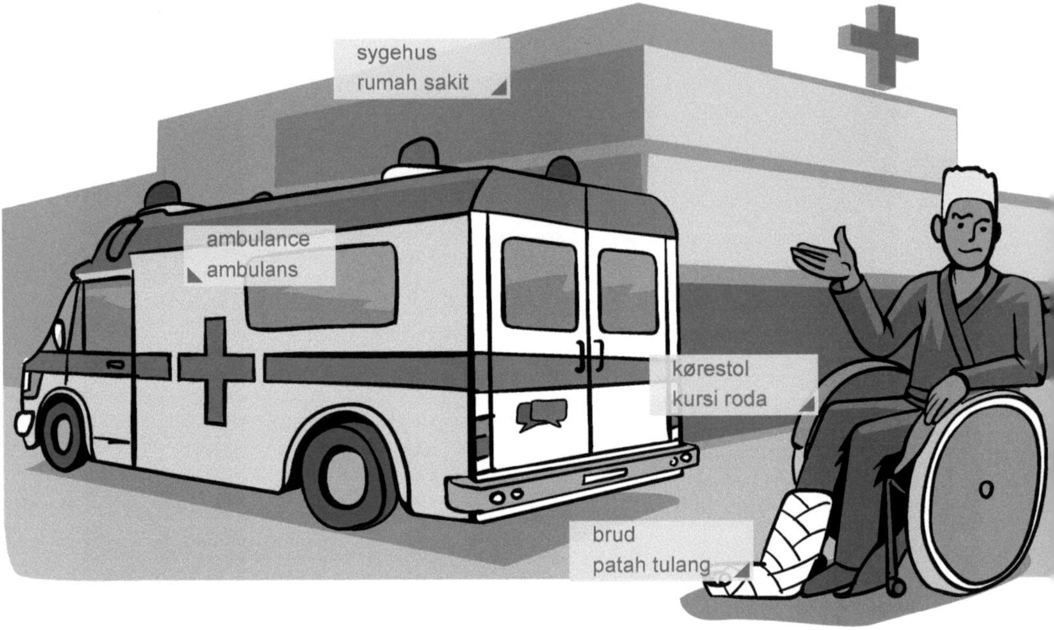

# sygehus
## rumah sakit

sygehus
rumah sakit
ambulance
ambulans
kørestol
kursi roda
brud
patah tulang

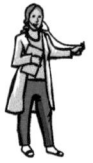

lælge
dokter

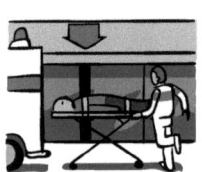

akutmodtagelse
ruang darurat

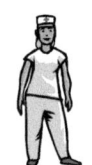

sygeplejerske
perawat

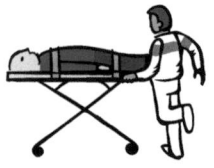

nødstilfælde
darurat

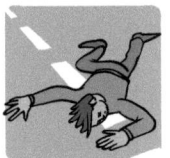

bevidstløs
semaput

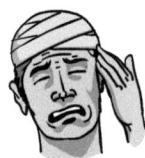

smerte
sakit

skade

cedera

blødning

perdarahan

hjerteinfarkt

serangan jantung

slagtilfælde

stroke

allergi

alergi

hoste

batuk

feber

demam

influenza

flu

diarré

diare

hovedpine

sakit kepala

kræft

kanker

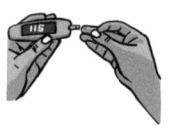

diabetes

diabetes

kirurg

ahli bedah

skalpel

pisau bedah

operation

operasi

CT

CT

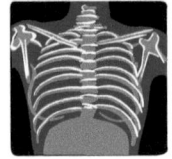

røntgen

sinar x

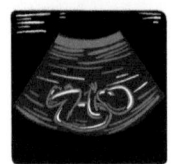

ultralyd

usg

maske

topeng

sygdom

penyakit

venteværelse

ruang tunggu

krykke

penyokong

plaster

plester

forbinding

perban

injektion

injeksi

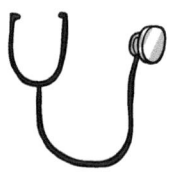

stetoskop

stetoskop

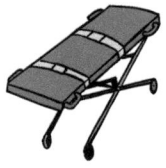

båre

usungan

termometer

termometer klinis

fødsel

kelahiran

overvægt

kelebihan berat badan

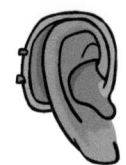

høreapparat
alat pendengar

desinficerende middel
desinfektan

infektion
infeksi

virus
virus

HIV / AIDS
HIV / AIDS

medicin
obat

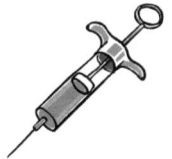

vaccination
vaksinasi

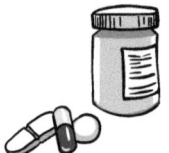

tabletter
tablet

pille
pil

nødopkald
panggilan darurat

blodtryksmåler
ukur tekanan darah

syg / rask
sakit / sehat

Hjælp!

Tolong!

alarm

alarm

overfald

penyerbuan

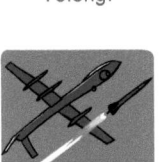

angreb

serangan

fare

bahaya

nødudgang

pintu darurat

Det brænder!

Api!

ildslukker

alat pemadam kebakaran

uheld

kecelakaan

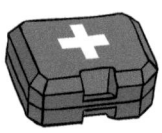

førstehjælps-kuffert

kit pertolongan pertama

SOS

SOS

politi

polisi

Europa

Eropa

Nordamerika

Amerika Utara

Sydamerika

Amerika Selatan

Afrika

Afrika

Asien

Asia

Australien

Australi

Atlanterhavet

Atlantik

Stillehavet

Pasifik

Indiske Ocean

Samudra India

Sydlige Ishav

Samudra Antartika

Ishav

Samudra Arktik

Nordpol

kutub utara

Sydpol

kutub selatan

Antarktis

Antarktika

Jorden

bumi

land

tanah

hav

laut

ø

pulau

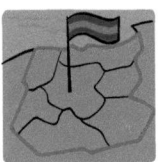

nation

bangsa

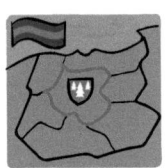

stat

negara

urskive

jam wajah

timeviser

jarum pendek

minutviser

jarum menit

sekundviser

jarum detik

Hvad er klokken?

Jam berapa?

dag

hari

tid

waktu

nu

sekarang

digitalur

jam digital

minut

menit

time

jam

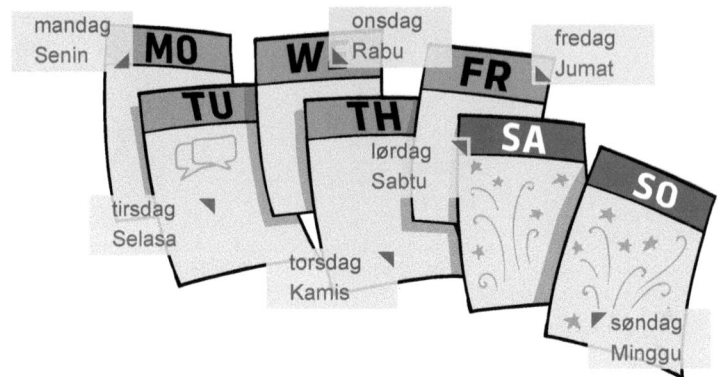

mandag
Senin

onsdag
Rabu

fredag
Jumat

tirsdag
Selasa

lørdag
Sabtu

torsdag
Kamis

søndag
Minggu

i går

kemaren

i dag

hari ini

i morgen

besok

morgen

pagi

middag

siang

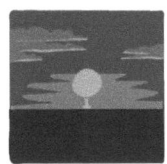

aften

malam

arbejdsdage

hari kerja

weekend

akhir minggu

# år
# tahun

regn
hujan
regnbue
pelangi
vind
angin
sne
salju
forår
musim semi
efterår
musim gugur
sommer
musim panas
vinter
musim dingin

4.APRIL 11°
5.APRIL 4°
6.APRIL 13°
7.APRIL 8°
8.APRIL 10°

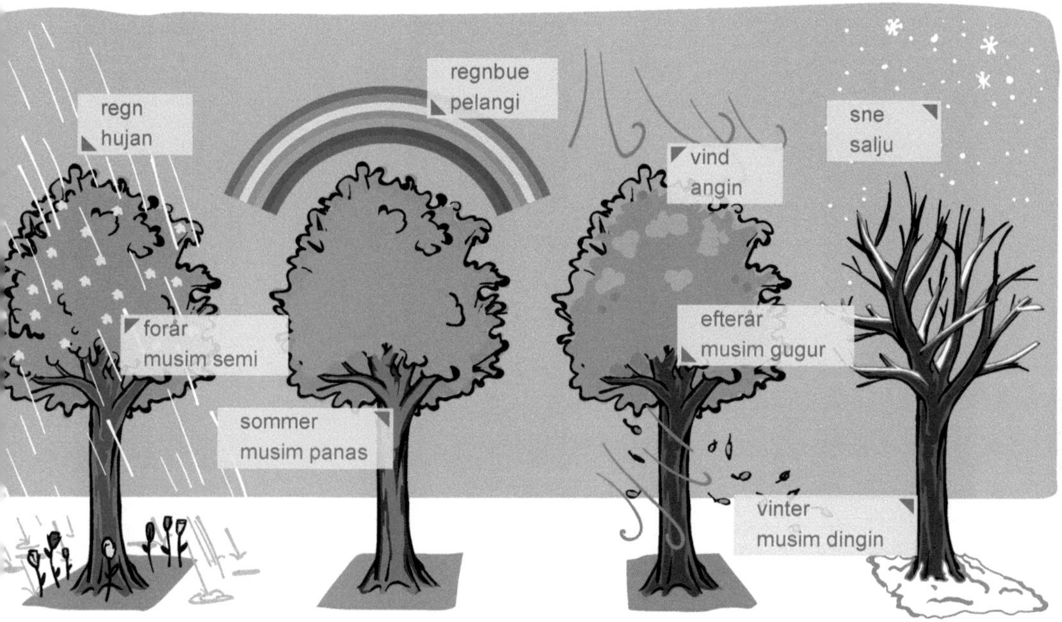

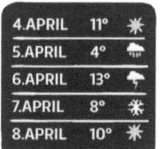

vejrudsigt

ramalan cuaca

F
C
120
90
60
30
0
-30
40
30
20
10
0
-10
-20

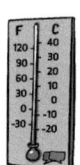

termometer

termometer

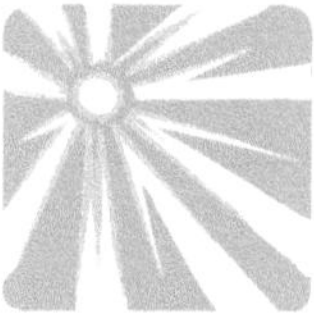

solskin

matahari

sky

awan

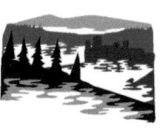

tåge

kabut

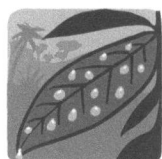

luftfugtighed

kelembahan

lyn
kilat

torden
guntur

storm
badai

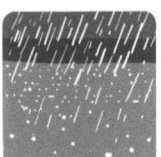

hagl
hujan es

monsun
monsun

flod
banjir

is
es

januar
Januari

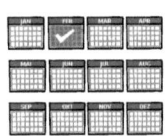

februar
Februari

marts
Maret

april
April

maj
Mei

juni
Juni

juli
Juli

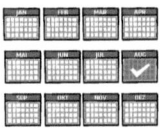

august
Agustus

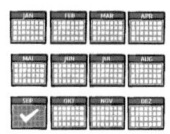

september
.................
September

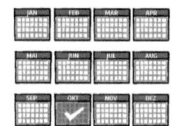

oktober
.................
Oktober

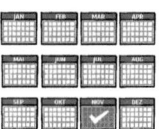

november
.................
November

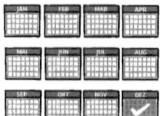

december
.................
Desember

cirkel
.................
lingkaran

kvadrat
.................
persegi

firkant
.................
persegi panjang

trekant
.................
segi tiga

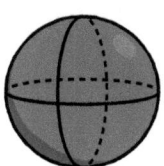

kugle
.................
bola

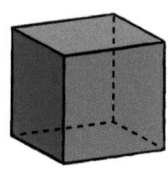

terning
.................
kubus

hvid
putih

gul
kuning

orange
oranye

pink
pink

rød
merah

lilla
ungu

blå
biru

grøn
hijau

brun
coklat

grå
abu-abu

sort
hitam

meget / lidt

banyak / sedikit

rasende / fredelig

marah / tenang

smuk / grim

cantik / jelek

begyndelse / slut

mulaih / selesai

stor / lille

besar / kecil

lys / mørk

terang / gelap

bror / søster

saudara laki-laki / saudara perempuan

ren / snavset

bersih / kotor

fuldkommen / ufuldkommen

lengkap / tidak lengkap

dag / nat

hari / malam

død / levende

mati / hidup

bred / smal

luas / sempit

spiselig / uspiselig

dapat dimakan / tidak dapat dimakan

vred / venlig

jahat / baik

ophidset / kedet

bersemangat / bosan

tyk / tynd

gemuk / kurus

først / sidst

pertama / terakhir

ven / fjende

teman / musuh

fuld / tom

penuh / kosong

hård / blød

keras / lembut

tung / let

berat / enteng

sult / tørst

lapar / haus

syg / rask

sakit / sehat

illegal / legal

ilegal / legal

intelligent / dum

cerdas / bodoh

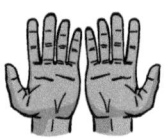

venstre / højre

kiri / kanan

nær / fjern

dekat / jauh

ny / brugt

baru / bekas

intet / noget

tidak ada apapun / sesuatu

gammel / ung

tua / muda

tændt / slukket

nyala / mati

åben / lukket

buka / tutup

stille / højt

tenang / keras

rig / fattig

kaya / miskin

rigtig / forkert

benar / salah

ru / glat

kasar / halus

ked af det / lykkelig

sedih / gembira

kort / lang

pendek / panjang

langsom / hurtig

pelan-pelan / cepat

våd / tør

basah / kering

varm / kold

hangat / sejuk

krig / fred

perang / damai

**0**

nul

nol

**1**

en

satu

**2**

to

dua

**3**

tre

tiga

**4**

fire

empat

**5**

fem

lima

**6**

seks

enam

**7**

syv

tujuh

**8**

otte

delapan

**9**

ni

sembilan

**10**

ti

sepuluh

**11**

elleve

sebelas

| | | |
|---|---|---|
| **12** | **13** | **14** |
| tolv | tretten | fjorten |
| duabelas | tigabelas | empatbelas |
| **15** | **16** | **17** |
| femten | seksten | sytten |
| limabelas | enambelas | tujuhbelas |
| **18** | **19** | **20** |
| atten | nitten | tyve |
| delapanbelas | sembilanbelas | duapuluh |
| **100** | **1.000** | **1.000.000** |
| hundrede | tusinde | million |
| seratus | seribu | juta |

## bahasa-bahasa

engelsk

Inggris

amerikansk engelsk

bahasa Inggris Amerika

kinesisk mandarin

bahasa Cina Mandarin

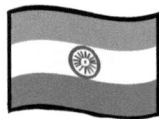

hindi

bahasa Hindi

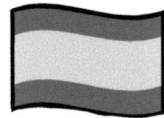

spansk

bahasa Spanyol

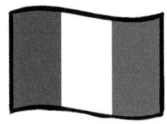

fransk

bahasa Perancis

arabisk

bahasa Arab

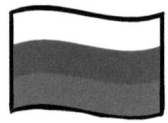

russisk

bahasa Rusia

portugisisk

bahasa Portugis

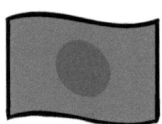

bengalsk

bahasa Bengal

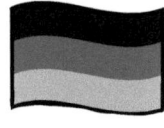

tysk

bahasa Jerman

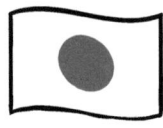

japansk

bahasa Jepang

jeg
saya

du
kamu

han / hun / den / det
dia

vi
kita

I
kalian

de
mereka

hvem?
siapa?

hvad?
apa?

hvordan?
begaimana?

hvor?
dimana?

hvornår?
kapan?

navn
nama

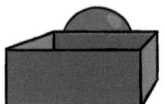

bag

dibelakang

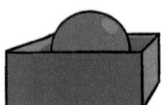

i

di

foran

didepan

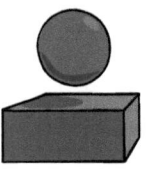

over

diatas

på

diatas

under

dibawah

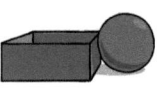

ved siden af

sebelah

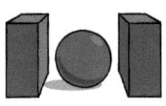

imellem

di antara

sted

tempat